W0204027

Benvolguts comensals,

El restaurant no es fa
responsable de les al·lèrgies
i mals de panxa
que puguin provocar
alguns dels plats.

Al meu germà Xavier
i a tots els berenars ensucrats de la nostra infantesa
M. M

Primera edició: octubre de 2017
Segona edició: octubre de 2018

Gerència editorial: Gabriel Brandariz
Coordinació editorial: Núria Font i Ferré
Coordinació gràfica: Lara Peces
Il·lustracions: Xavier Salomó
Text: Meritxell Martí

Títol original: *Le Festin des Affreux*
© 2017, Éditions du Seuil, París
© 2017, Editorial Cruïlla
Nàpols 249 - 08006 Barcelona
editorial@cruilla.cat
ISBN: 978-84-661-4212-0
DL:B-23898-2016
Imprès a la Xina - *Printed in China*

Meritxell Martí Xavier Salomó

Un sopar de por

cruïlla

Aquesta nit se celebra el gran sopar de gala
que reuneix els personatges més malvats del món.

Una colla de monstres es trobaran a L'Espàrrec Pudent,
el famós restaurant amb tres estrelles negres
situat a l'Espadat dels Taurons.

El xef, Jean-Col Trinxat, és mundialment famós
per les seves receptes fastigoses d'alta cuina.

Quines viandes els deu haver preparat aquesta nit?
Els plats preferits de cada monstre, és clar!

El vell maître surt a rebre els convidats
que aparquen els seus vehicles al peu de l'espadat.

Tot seguit, saluden el xef, que els acull amb un somriure fals.

Els comensals s'asseuen per gaudir del banquet.
Unes flaires penetrants inunden el menjador.
Els dolents bavegen, entusiasmats, esperant la teca.
La impaciència omple la sala.

Que comenci el sopar!

EL LLOP

Auuuuuuhh! Al cap de taula s'asseu un convidat pelut.

Viu al bosc, collint bolets quan és el temps.
No cal dir que es deleix per unes bones costelles de xai
o un tall ben tendre de cansalada.

Què li deu haver preparat avui el xef?

LA BRUIXA

A la dreta del llop tenim una convidada malèfica.

Ha arribat volant, dalt de l'escombra, i morta de fam.
Pel camí ha fet un mos: s'ha menjat les aranyes que li pengen
de la tofa. Sospira per unes bones postres com ara sorbet
d'ungles de gat negre o flam enverinat.
N'hi haurà, aquesta nit?

EL VAMPIR

A continuació, tenim el comte Dràcula.

En pondre's el sol, ha sortit del castell
amb la capa negra, delerós de provar les especialitats
del xef Trinxat: gelatina de marietes,
crema de bada-badocs... Però, sobretot, pensa:
«ni un gra d'all al meu plat!»

L'OGRE

Grrrrrr! La panxa del següent convidat gruny de gana.
El metge l'ha posat a dieta pel colesterol
i només pot menjar amanida. Tant de bo que en Jean-Col
li hagi preparat un bon tiberi. No s'hi va cada dia,
a un restaurant amb tres estrelles negres...

LA MÒMIA

Aquí tenim una comensal vella i misteriosa...

Ha fet un viatge molt llarg per venir
a L'Espàrrec Pudent, perquè n'ha sentit dir meravelles.
«Ja sóc al restaurant d'en Trinxat», pensa, satisfeta.
«Espero que no hi hagi caviar de rata a l'aperitiu.
Sóc al·lèrgica al caviar...»

EL DIMONI

Brrrrr! El més dolent dels dolents s'ha escarxofat al bell mig de la taula.

Acabat de sortir de les flames de l'infern,
el dimoni es deleix per tastar els plats de la casa.
Una olor de cendra li arriba de la cuina...
Deu ser una nova i pudent delicatesse preparada pel gran xef?

EL PIRATA

Ah del vaixell! Crida un convidat que arriba navegant.

Fins i tot els taurons, al peu de l'espadat, tremolen en veure'l passar.
El pirata d'alè putrefacte avui està content.
Ha deixat estar l'abordatge d'un vaixell ple de tresors
per assistir al gran banquet.
Tant de bo que els plats estiguin a l'alçada del seu mal gust!

EL FANTASMA

Cling, cling, cling! El proper comensal
arrossega les cadenes amb un riure cavernós.

Uuuuhh! Lleuger com una ploma i blanc com la neu,
somia uns guisats tan eteris com ell mateix. Té l'estómac delicat
i no paeix bé l'excés de greix.

EL MONSTRE DE SOTA EL LLIT

A l'altra punta de la taula s'asseu
un personatge vil, brut com una mala cosa.

És el monstre que s'amaga sota el llit. S'ho passa pipa mossegant sabatilles velles. Com la resta de convidats, fa temps que no dorm, esperant aquest banquet. El xef Trinxat ha suat la cansalada per satisfer un paladar tan atrofiat.

Tothom és servit. Els malvats s'afanyen a agafar els coberts per devorar unes menges execrables quan, de sobte, el xef els atura.

Aleshores, el maître apareix amb una safata d'on surt una fortor insultant. Aguantant-se les ganes de vomitar, els monstres es tapen el nas i es pregunten: Quin tipus de vianda infecta hi deu haver sota la tapa?

Per quina mena de bèstia vil i fastigosa el deuen haver preparat?

«Bona nit, gent!»

EL NEN

Un convidat sorpresa!

Devorador de llibres i fan de les històries de terror,
el nen vol compartir banquet amb els personatges malèvols
de les seves lectures. Quina emoció, conèixer-los en persona!

El xef Trinxat ha fet mans i mànigues per cuinar-li
un menú que fa venir basques al monstre més repugnant.

BON PROFIT !!!

Jo no volia deixar entrar nens al meu restaurant, però és que aquest noiet adora les històries de por i els monstres, així que no em va quedar més remei...

D'acord, hem menjat de nassos. Però el proper cop, proposo que anem a ca la Carme Ratafia. El seu establiment no admet criatures!

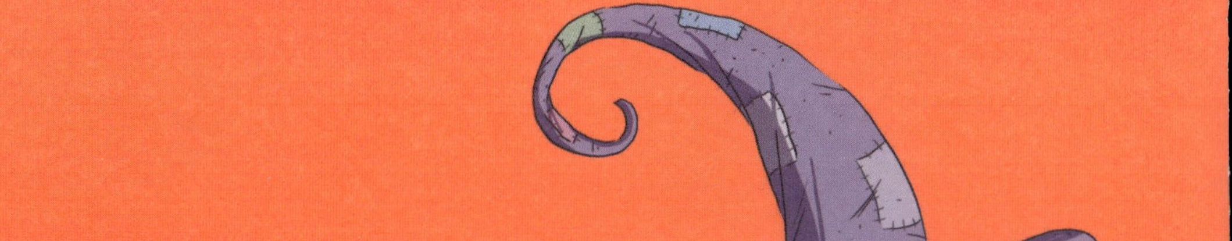